Parque Nacional de las

Grandes Montañas Humeantes

Grace Hansen

abdopublishing.com

Published by Abdo Kids, a division of ABDO, P.O. Box 398166, Minneapolis, Minnesota 55439.

Abdo Kids Jumbo™ is a trademark and logo of Abdo Kids.

Printed in the United States of America, North Mankato, Minnesota.

052018

092018

Spanish Translators: Laura Guerrero, Maria Puchol

Photo Credits: AP Images, iStock, Shutterstock

Production Contributors: Teddy Borth, Jennie Forsberg, Grace Hansen

Design Contributors: Dorothy Toth, Laura Mitchell

Library of Congress Control Number: 2018931977

Publisher's Cataloging-in-Publication Data

Names: Hansen, Grace, author.

Title: Parque nacional de las Grandes Montañas Humeantes / by Grace Hansen.

Other title: Great Smoky Mountains National Park. Spanish

Description: Minneapolis, Minnesota : Abdo Kids, 2019. | Series: Parques nacionales | Includes online resources and index.

Identifiers: ISBN 9781532180460 (lib.bdg.) | ISBN 9781532181320 (ebook)

Subjects: LCSH: Great Smoky Mountains National Park (N.C. and Tenn.)--Juvenile literature. | United States--Great Smoky Mountains National Park.--Juvenile literature. | National parks and reserves--Juvenile literature. | Natural history--Juvenile literature. | Spanish language materials--Juvenile literature.

Classification: DDC 976.8--dc23

Contenido

Parque Nacional de las Grandes Montañas Humeantes

El Parque Nacional de las Grandes Montañas Humeantes está en Carolina del Norte y Tennessee. Se abrió el 15 de junio de 1934.

Lo **inauguró** el presidente Franklin D. Roosevelt en 1940. El parque protege alrededor de 800 millas cuadradas (2,072 km^2) de tierra.

Elevación y clima

Algunas de las montañas en el parque están a más de 6,000 pies (1,829 m) sobre el nivel del mar. La zona más baja del parque está a 875 pies (267 m).

Los cambios de **elevación** suponen cambios de clima. Por eso, muchas plantas y animales diferentes pueden vivir aquí. ¡El parque tiene más de 10,000 **especies** conocidas!

Hábitats

En las zonas más bajas y calurosas crecen bosques de pinos y robles. En los lugares más sombreados del parque crecen bosques de cicuta.

En las montañas más altas las temperaturas pocas veces suben a más de 65 grados Fahrenheit (18.3 °C). Bosques de abetos crecen bien allí. Sus amplias praderas están llenas de **azaleas**.

Las zonas por encima de los 4,500 pies (1,372 m) son hábitat para los zorros rojos. Las ardillas rojas y otros animales también viven aquí.

El parque es conocido por su población de osos negros y venados. Les encanta la protección que los árboles ofrecen y la **vegetación**.

El parque tiene muchas millas de arroyos. Las tortugas, las salamandras, las ranas y los peces son abundantes. La trucha de arroyo es **originaria** de estas montañas.

Actividades divertidas

Dar un paseo para ver algunos de los 1,500 tipos de flores silvestres

Montar a caballo en los pintorescos caminos del parque

Ver vida salvaje en la Cades Cove

Admirar el cambio de color de los árboles en el otoño

Glosario

azaleas - arbusto con hojas verde oscuro y flores de colores brillantes.

elevación - altura sobre el nivel del mar.

especie - grupo de animales que se parecen y tienen crías juntos.

inaugurado - formalmente abierto al público.

originario - que nace o crece en esta zona.

vegetación - plantas, flora de un lugar específico.

Índice

¡Visita nuestra página **abdokids.com** y usa este código para tener acceso a juegos, manualidades, videos y mucho más!